CÓMO VENCER LA OBSESIÓN POR LA LIMPIEZA CORPORAL

Trastorno Obsesivo Compulsivo

Autor:

Alexander Rodríguez Guzmán

ISBN-13: 978-1494235994

ISBN-10: 1494235994

info@dominiomental.com

www.dominiomental.com

ÍNDICE

PRÓLOGO

El libro que tienes en las manos te ayudará a superar la obsesión por la limpieza. Logrará hacer que dejes de sentir ansiedad por situaciones que —te darás cuenta a lo largo de la lectura —no deberían provocártela.

En la primera parte, hacemos una revisión por los microorganismos causantes de las enfermedades, ¿son realmente dañinos para nosotros? ¿Realmente necesitamos prescindir de ellos? Y revisamos la higiene a lo largo de la historia, ¿siempre hubo obsesiones por la limpieza? ¿Soy la única persona a la que afecta esta obsesión? Analizamos los factores que te llevaron a desarrollar la obsesión.

En la segunda parte, analizamos los beneficios de un mayor contacto con la obsesión sin realizar la conducta obsesiva. Una exposición imaginaria y real nos ayudarán a combatir los rituales.

En la tercera parte, te presentamos el Método CRR, adecuado para contrarrestar los efectos de cualquier obsesión, aplicado, esta vez, a la obsesión por la limpieza. Allí te explicamos los fundamentos teóricos en los que se basa. Y pasamos a la acción, porque no basta con leer el libro, se debe actuar, debemos llevar a la práctica todo lo aprendido. Te damos tres pasos sencillos para aplicar el Método CRR.

Así que ¡manos a la obra!, porque estamos juntos en esta lucha.

PRIMERA PARTE

¿QUÉ SON LOS MICROORGANISMOS?

Son organismos vivos microscópicos, es decir, son tan pequeños que no se pueden ver a simple vista.

Están en todas partes, vivimos rodeados por ellos, y la gran mayoría son inofensivos e inclusive existe una gran cantidad de microorganismos que son beneficiosos para nuestra salud. Pero también existen microorganismos que pueden causarnos problemas, en tal caso se les denominan "gérmenes".

Muchos gérmenes potencialmente dañinos (patógenos) pueden resultar útiles para los seres humanos: en el interior del cuerpo humano habitan muchas bacterias que son beneficiosas para la salud, por ejemplo:

–   La bacteria que habita en el intestino grueso del ser humano y de todos los mamíferos es la *Escherichia coli*, esta es una bacteria que en condiciones normales es beneficiosa para el organismo, puesto que establece simbiosis con el organismo que la posee; absorbe del intestino grueso los nutrientes que necesita y a cambio sintetiza vitamina K, que actúa como anticoagulante evitando la coagulación de la sangre dentro de los vasos sanguíneos. La vitamina K no es sintetizada por las células del cuerpo, únicamente se la obtiene a través de los alimentos que la poseen.

La ciencia denomina flora intestinal al conjunto de bacterias que viven en el intestino. La gran mayoría de estas bacterias no son dañinas para nosotros, y muchas son beneficiosas.

Se calcula que tenemos en nuestro interior unas 2000 especies bacterianas diferentes, de las cuales solamente 100 pueden llegar a ser perjudiciales.

Muchas especies animales dependen muy estrechamente de su flora intestinal. Por ejemplo:

– Sin ella, las vacas no serían capaces de digerir la celulosa, ni las termitas de alimentarse de madera, ya que no son ellas mismas, sino su flora intestinal, las que son capaces de procesar este tipo de alimentos.

– En el ser humano, la dependencia no es tan radical, pero sí es importante. Ayudan en ocasiones a la absorción de nutrientes y forman un ecosistema complejo que se autorregula y se mantiene en equilibrio.

Ya sabes, entonces, que los microorganismos no son tan malos como parecen, de hecho ellos desarrollan una función vital para la preservación de este planeta y de nuestra especie.

MICROORGANISMOS PERJUDICIALES (GÉRMENES)

Son aquellos que causan enfermedades infecciosas.

¿Qué tipos de gérmenes hay?

Hay gérmenes en todo el mundo y en todos los lugares posibles. Existen cuatro tipos principales de gérmenes: las bacterias, los virus, los hongos y los protozoos. Estos pueden invadir plantas, animales y personas, y a veces nos provocan enfermedades.

Las bacterias son diminutas criaturas unicelulares (poseen tan solo una célula) que obtienen sus nutrientes del entorno para sobrevivir. En algunos casos ese entorno es el organismo de un ser humano. Las bacterias se pueden reproducir fuera del cuerpo o en su interior. Algunas de las infecciones que provocan las bacterias son el dolor de garganta (conocido como amigdalitis o faringitis estreptocócica), las infecciones de oído, las caries y las neumonías.

Pero no todas las bacterias son malas. Algunas son buenas para el organismo: nos ayudan a mantener el equilibrio. Las "bacterias buenas" viven dentro de nuestros intestinos y nos ayudan a usar los nutrientes de los alimentos que ingerimos y a generar productos de desecho, esa es la flora bacteriana.

¡No podríamos aprovechar al máximo una comida saludable sin la ayuda de estos gérmenes tan fundamentales! También hay bacterias que utilizan los científicos en los laboratorios para fabricar medicamentos y vacunas.

Los virus necesitan estar dentro de células vivas para crecer y reproducirse. La mayoría de virus no pueden sobrevivir durante mucho tiempo si no se encuentran en el interior de un ser vivo, como una planta, animal o persona.

El organismo donde vive un virus recibe el nombre de huésped. Cuando los virus se introducen en el cuerpo de una persona, pueden proliferar en su interior y provocarle enfermedades. Los virus pueden causar varicela, sarampión, gripe y muchas otras enfermedades.

Los hongos son organismos multicelulares (poseen varias células) similares a las plantas. A diferencia de estas, los hongos no pueden producir su propio alimento a partir de la tierra, el agua y el aire. Contrariamente, se nutren de plantas, personas y animales.

Les encanta vivir en lugares húmedos y cálidos y la mayoría de ellos no son peligrosos para las personas sanas.

Un ejemplo de un problema provocado por los hongos es el pie de atleta, esa erupción asociada a picazón que los adolescentes y adultos desarrollan a veces entre los dedos de los pies.

Los protozoos son organismos unicelulares a los que les encanta la humedad y que a menudo propagan enfermedades a través del agua.

Algunos protozoos provocan infecciones intestinales que causan diarrea, náuseas y dolor de tripa.

Recuerda que aunque vivamos rodeados de microorganismos perjudiciales, afortunadamente tu cuerpo dispone de un sistema inmunitario, un complejo entramado de células que se encarga de defendernos de las infecciones causadas por agentes patógenos como bacterias o virus.

¿Cómo podemos controlar a los gérmenes perjudiciales?

El aseo es una de las maneras más eficaces y simples de evitar la propagación de gérmenes perjudiciales. El lavado de manos cada vez que tocamos una superficie contaminada nos ayuda a controlarlos.

El aseo de manos con un jaboncillo o detergente, puede ser antibacterial o no, por un tiempo de 20 segundos es más que suficiente. Un baño de ocho minutos con agua templada es suficiente para estar correctamente aseados.

Recuerda que el lavado agresivo y constante termina por debilitar y dañar la piel, porque le quitan sus aceites naturales; la piel se humecta e hidrata constantemente, por esa razón, un lavado constante y agresivo termina por causar:

- Descamación cutánea. Como las escamas que tienen los peces. Se da por la deshidratación excesiva de la piel.

- Picazón, que puede terminar en dermatitis (erupción cutánea, hinchazón o enrojecimiento de la piel que implica un cambio en su color o textura. Puede ser la parte exterior de un hematoma, una roncha, un lunar, una peca, una verruga o un bulto en la piel, etc.).

- Fisuras en la piel (roturas dérmicas, con presencia de sangrado).

¿Cómo lavarse las manos?

Mójese las manos con agua y aplique un poco de jabón líquido, en pastilla o en polvo, no hace falta que utilice jabón antibacteriano, cualquier jabón es bueno; luego frótese bien las manos hasta que queden recubiertas de espuma y restriegue toda la piel incluyendo la que queda debajo y alrededor de las uñas.

Aclárese o enjuague bien las manos con agua corriente. Por último, séqueselas con una toalla de papel, tela o un secador de aire. Todo este proceso debe durar 15 segundos, no es necesario que demore más.

¿Cuándo lavarse las manos?

- Antes de comer o preparar comida.

- Antes de manipular una herida, y de administrar medicamentos.

- Después de ir al baño.

- Después de tener contacto con sangre.

- Después de tocar animales, incluyendo mascotas.

- Después de estar afuera (jugando, haciendo jardinería, paseando al perro, etc.).

Recuerda que no es tan importante la cantidad de veces que te laves las manos al día, el problema está en cuánto demoras haciéndolo y la ansiedad que te produce no hacerlo. Como ya te dije, 15 segundos son más que suficientes.

LA MISOFOBIA EN EL TOC

La misofobia se define como el miedo persistente y obsesivo a la suciedad o contaminación. Este miedo fóbico viene acompañando de rituales de limpieza o purificación compulsiva, de actos milimétricamente reiterados y secuenciados que se realizan al momento de limpiarse o asearse con la finalidad de evitar contraer o trasmitir alguna enfermedad.

Esta obsesión por la limpieza puede llevarlos a ciertos extremos, como, por ejemplo:

Las personas misofobicas llegan a lavarse al menos unas cuarenta veces al día.

Hay personas que se aíslan completamente, no quieren salir a la calle de ningún modo, por miedo a los contaminantes.

Otras personas gastan fortunas en detergentes abrasivos a fin de satisfacer su obsesión por la limpieza.

Algunas desechan múltiples objetos porque los consideran contaminados. Hay casos donde se desechan objetos nuevos como ropa solo porque el obsesivo las considera contaminadas.

LA HIGENE EN LA ANTIGÜEDAD

En la mitología griega, "Higía" era la diosa de la curación, la limpieza y la sanidad; de su nombre deriva la palabra higiene. Su equivalente en la mitología romana era Salus.

Remontándonos al pasado nos daremos cuenta que la higiene no era tan importante para nuestros antepasados.

En la Roma antigua, Paris o Londres en el siglo XVII, no había desagües ni baños. ¿Qué hacían entonces las personas?

Habitualmente, frente a una necesidad imperiosa, el individuo se apartaba discretamente a una esquina y ahí efectuaba sus necesidades sean cuales fueran estas. La gente utilizaba los callejones traseros de las casas o cualquier cauce cercano.

Los pocos baños que había vertían sus desechos en fosas o pozos negros, con frecuencia situados junto a los de agua potable.

Los excrementos humanos se vendían como abono: todo se reciclaba. Había gente dedicada a recoger los excrementos de los pozos negros para venderlos como estiércol.

Los tintoreros guardaban en grandes tinajas la orina, que después usaban para lavar pieles y blanquear telas. Los huesos se trituraban para hacer abono. Lo que no se reciclaba quedaba en la calle, porque los servicios públicos de higiene no existían o eran insuficientes.

En las ciudades, las tareas de limpieza se limitaban a las vías principales, como las que recorrían los peregrinos y las carrozas de grandes personajes que iban a ver al Papa en la Roma del siglo XVII, habitualmente muy sucia.

Las autoridades contrataban a criadores de cerdos para que sus animales, como buenos omnívoros, hicieran desaparecer los restos de los mercados y plazas públicas, o bien se encomendaban a la lluvia, que de tanto en tanto se encargaba de arrastrar los desperdicios.

Tampoco las ciudades españolas destacaban por su limpieza. En la higiene urbana en Madrid (1561-1761), "era costumbre de los vecinos arrojar a la calle, por puertas y ventanas, las aguas inmundas y fecales, así como los desperdicios y basuras".

En verano, los residuos se secaban y mezclaban con la arena del pavimento; en invierno, las lluvias levantaban los empedrados, diluían los desperdicios convirtiendo las calles en lodazales y arrastraban los residuos blandos a los sumideros que desembocaban en el Manzanares, destino final de todos los desechos humanos y animales. Y si las ciudades estaban sucias, las personas no estaban mucho mejor. La higiene corporal también retrocedió a partir del Renacimiento debido a una percepción más puritana del cuerpo, que se consideraba tabú.

Los médicos del siglo XVI creían que el agua, sobre todo caliente, debilitaba los órganos y dejaba el cuerpo expuesto a los aires malsanos, y que si penetraba a través de los poros podía transmitir todo tipo de males. Incluso empezó a difundirse la idea de que una capa de suciedad protegía contra las enfermedades y que, por lo tanto, el aseo personal debía realizarse "en seco", únicamente con una toalla limpia para frotar las partes visibles del organismo.

Un texto difundido en Basilea en el siglo XVII recomendaba que "los niños se limpiaran el rostro y los ojos con un trapo blanco, lo que quita la mugre y deja a la tez y al color toda su naturalidad. Se creía que lavarse con agua es perjudicial a la vista, provoca males de dientes y catarros, empalidece el rostro y lo hace más sensible al frío en invierno y a la resecación en verano.

Según el francés Georges Vigarello, en un interesante estudio sobre la higiene del cuerpo en Europa, el rechazo al agua llegaba a los más altos estratos sociales. En tiempos de Luis XIV, las damas más pulcras del aseo se bañaban como mucho dos veces al año, y el propio rey solamente lo hacía por prescripción médica y con las debidas precauciones.

Con el cuerpo prisionero de sus miserias, la higiene se trasladó a la ropa, cuanto más blanca mejor. Los ricos se "lavaban" cambiándose con frecuencia de camisa, que supuestamente absorbía la suciedad corporal.

El dramaturgo francés del siglo XVII Paul Scarron describía una escena de aseo personal en la cual el protagonista solamente usa el agua para enjuagarse la boca. Eso sí, su criado le trae "la más bella ropa blanca del mundo, perfectamente lavada y perfumada". Claro que la procesión iba por dentro, porque incluso quienes se cambiaban mucho de camisa solo se mudaban de ropa interior, si es que la llevaban, una vez al mes.

Tanta suciedad no podía durar mucho tiempo más y cuando los desagradables olores amenazaban con arruinar la civilización occidental, llegaron los avances científicos y las ideas ilustradas del siglo XVIII para ventilar la vida de los europeos. Poco a poco volvieron a instalarse letrinas colectivas en las casas y se prohibió desechar los excrementos por la ventana, al tiempo que se aconsejaba a los habitantes de las ciudades que aflojasen la basura en los espacios asignados para eso.

En 1774, el sueco Karl Wilhehm Scheele descubrió el cloro, sustancia que combinada con agua blanqueaba los objetos y mezclada con una solución de sodio era un eficaz desinfectante. Así nació la lavandina, en aquel momento un gran paso para la humanidad.

En el siglo XIX, el desarrollo del urbanismo permitió la creación de mecanismos para eliminar las aguas residuales en todas las nuevas construcciones. Al tiempo que las tuberías y los retretes ingleses se extendían por toda Europa, se organizaban las primeras exposiciones y conferencias sobre higiene.

En 1869, el escocés Joseph Lister, basándose en los trabajos de Pasteur, usó por primera vez la antisepsia en cirugía. Con tantas pruebas en la mano ya ningún médico se atrevió a decir que bañarse era malo para la salud.

Más datos curiosos sobre la higiene en la antigüedad:

- En la antigüedad se creía que lavarse o bañarse mucho resultaba dañino, puesto que se decía que los niños se volvían blandos.

- Los miembros de la burguesía de fines del siglo XIX únicamente se bañaban cuando estaban enfermos o iban a contraer matrimonio.

- Si viviéramos en el siglo XVIII, nos bañaríamos una sola vez en la vida, nos empolvaríamos los cabellos en lugar de lavarlos con agua y champú, y tendríamos que dar saltos para no pisar los excrementos esparcidos por las calles.

- Se creía que las enfermedades se extendían a través del agua, ya que esta se introducía por los poros de la piel.

- La orina era muy utilizada para lavar la ropa, por su alto contenido en amoníaco, para enjuagarse la boca; todo era un proceso de reciclaje también. No todo fue malo, ya que para blanquear los dientes se los empolvaban o se los frotaban con sal; la orina, sin embargo, sí llegó a tener resultados positivos en ciertos aspectos.

- Quien ha estado en Versalles se ha maravillado con sus jardines, enormes y hermosos, que en la época eran más usados que contemplados ya que se usaban como retretes en las fiestas promovidas por la realeza, debido a que no tenían baños y se reunía una gran cantidad de personas.

- En la Edad Media no existían cepillos de dientes, perfumes, desodorantes y mucho menos papel higiénico. Las heces y orinas humanas eran tiradas por la ventana del palacio.

- Vemos en las películas a la gente siendo abanicada. La explicación no está en el calor, sino en el mal olor que exhalaban las personas por debajo de los vestidos (eran hechas a propósito para contener los olores de las partes íntimas porque no se lavaban).

- En la Edad Media, la mayoría de las bodas se celebraban en el mes de junio, al comienzo del verano. La razón era sencilla: el primer baño del año era tomado en mayo, así, en junio, el olor de las personas aun era tolerable.

  Asimismo, como algunos olores ya empezaban a ser molestos, las novias llevaban ramos de flores, al lado de su cuerpo en los carruajes para disfrazar el mal olor. Así nace mayo como mes de las novias y la tradición del ramo de novia.

- Los baños eran tomados en una bañera enorme llena de agua caliente. El padre de la familia era el primero en tomarlo, luego los otros hombres de la casa por orden de edad y después las mujeres, también en orden de edad. Al final los niños, y los bebes eran los últimos.

LA HIGIENE EN LA ACTUALIDAD

¿Qué es la higiene?

La higiene es el conjunto de conocimientos y técnicas que aplican los individuos para el controlar los factores que pueden ser nocivos sobre su salud. Higiene significa controlar todo lo que puede ser dañino para nuestra salud.

La higiene se refiere al aseo y la limpieza de las personas, las viviendas y los hogares públicos, pero en un sentido más amplio también incluye un extenso conjunto de prácticas, muchas de ellas promovidas y reguladas por las autoridades con el objetivo de conservar la salud.

Para conseguir una vida sana es necesario realizar ejercicios corporales, hábitos alimenticios y mantener una higiene tanto física como mental.

La higiene floreció como una auténtica ciencia a finales del siglo XIX e inicios del siglo XX, cuando se empezó a disponer de métodos propios de investigación y normas específicas de aplicación. A partir de esta época, aunque de manera muy desigual en el planeta, el desarrollo de la medicina preventiva ha hecho posible una drástica disminución de la incidencia de las enfermedades.

TIPOS DE HIGIENE

En la actualidad la higiene se puede clasificar de varias maneras, las principales son: privada y pública. De la aplicación de la higiene privada se encarga el individuo y entre sus principales objetivos destacan el aseo corporal y la limpieza del entorno.

La higiene pública, por otra parte, es aquella en cuya aplicación interviene la autoridad, que adopta medidas colectivas para el saneamiento de comunidades, como la obtención de agua potable o la construcción de redes de alcantarillado, prescribe reglas profilácticas y organiza campañas sanitarias preventivas como los programas masivos de vacunación que representan una pieza clave en la lucha contra las enfermedades infecciosas.

Higiene pública es la que se refiere a la conservación de la salud de los grupos de individuos, pueblos, distritos, ciudades, provincias, etc., y facilita a estos en general, y a sus moradores en particular, los medios de recuperarla cuando la han perdido. Esta higiene estudia todas las causas de insalubridad pública y consigna los preceptos oportunos para remediarlas.

La observancia de los preceptos de la higiene pública está natural y necesariamente a cargo de los Gobiernos, de la Administración Pública, de las autoridades subalternas o locales, de sus agentes, etc. Por el estado higiénico de un pueblo se puede determinar el grado de seguridad, de libertad y de comodidad de que disfrutan sus habitantes; así como por la paz y el bienestar se determinará también muy fácilmente la índole de las condiciones higiénicas a las que se halla sometido.

Además de estos dos grupos, se pueden clasificar los tipos de higiene atendiendo al fin que tienen cada uno de ellos, como higiene deportiva, higiene corporal e higiene postural.

1. HIGIENE DEPORTIVA

La higiene deportiva significa mantener una serie de hábitos que ayudan a obtener el máximo rendimiento con el ejercicio físico y a realizarlo con la máxima garantía de no tener ningún problema o perjuicio.

Estos hábitos se pueden clasificar de varias maneras. En este caso, se clasificarán así: condiciones previas, durante y posteriores al ejercicio.

Recuerda que la práctica de ejercicio es un buen disipador de la ansiedad, además de que te ayuda a:

- Quemar calorías, eliminar el exceso de grasa corporal y recuperar una figura armónica.

- Aumentar tu masa muscular, volviendo tu cuerpo firme y atlético.

- Complementar cualquier dieta y eliminar desechos y toxinas.

- Controlar el apetito y el aumento de peso.

- Combatir el insomnio y eliminar el cansancio.

Beneficios físicos de hacer ejercicio

- **Órganos:** Fortalece no solo el corazón y los pulmones, sino también las articulaciones.

- **Músculos:** Aumenta su oxigenación, tono, fuerza y volumen.

- **Huesos:** Incrementa su fuerza, flexibilidad, resistencia y densidad.

- **Funciones:** Hace funcionar mejor la circulación, respiración, digestión, sistema inmunológico y metabolismo.

- **Niveles:** Regula los niveles de triglicéridos, colesterol y glucosa en sangre.

- **Resistencia:** Mejora tu resistencia y condición física.

- **Previene enfermedades**: Haciendo ejercicio diariamente puedes prevenir o tratar muchas enfermedades, entre ellas:

  - **Cardiovasculares:** Disminuye el colesterol malo y aumenta el bueno, protege las arterias, previene el riesgo de infarto y coágulos cerebrales y baja la presión alta.

  - **Diabetes:** Reduce el riesgo de padecerla y es uno de sus principales tratamientos (junto con una dieta y cuidado médico) porque ayuda a controlar los niveles de glucosa en la sangre.

  - **Cáncer:** Disminuye significativamente el riesgo de padecer cáncer de colon o de seno.

  - **Artritis:** Mantiene flexibles las articulaciones y cartílagos, y gracias al movimiento el tejido recibe nutrientes.

- **Beneficios Psicológicos**: Está comprobado que el ejercicio también beneficia la salud mental y emocional, proporcionándote un gran bienestar:

- **Disminuye el estrés:** Reduce la ansiedad, la depresión y sus efectos como irritabilidad y mal humor, porque te hace liberar la tensión acumulada.

- **Agudiza tu mente:** Aumenta el flujo de oxígeno al cerebro, mejorando tu capacidad de aprendizaje, concentración, memoria y estado de alerta.

- **Produce bienestar:** Estimula la liberación de endorfinas, hormonas que producen sensación de placer.

- **Te entretiene:** Te distrae de las preocupaciones, te brinda diversión y un estilo de vida saludable.

¿Qué produce la falta de ejercicio?

Si no te ejercitas, con el tiempo se debilita el corazón, músculos, huesos y articulaciones, las células se envejecen, se disminuyen los reflejos y el impulso sexual.

Si alguna razón te impide practicar un deporte, por lo menos trata de aumentar tus actividades cotidianas como:

- **Fuera de casa:** Usa menos el auto o el autobús para moverte; usa las escaleras en lugar del elevador; sal a caminar por tu barrio; pasea a tu perrito más seguido y por más tiempo.

- **En casa:** Pasa menos tiempo frente a la televisión o computadora; haz ejercicios de estiramiento; haz pesas con mancuernas para fortalecer tus músculos; sube y baja uno o varios escalones durante 30 minutos.

Recomendaciones generales

- Si padeces cualquier problema de salud o estás embarazada, antes de empezar a hacer ejercicio consulta a tu médico.

- Practícalo por un mínimo de 30 minutos, de 3 a 5 veces por semana y a la misma hora del día.

- Haz siempre precalentamiento para prevenir lesiones y comienza con un programa lento que vaya aumentando el ritmo poco a poco.

Como ya leíste, el ejercicio beneficia tu salud, tu figura y tu estado mental y emocional.

Elige una actividad deportiva que no sea un sacrificio, sino que la disfrutes, te entretenga y se ajuste a tu estilo de vida.

1. HIGIENE CORPORAL

La higiene corporal incluye un conjunto de prácticas destinadas a mantener una correcta limpieza del cuerpo, en especial de la piel y sus anexos: los cabellos y las uñas.

La higiene personal se define como el conjunto medidas y normas que deben cumplirse individualmente para lograr y mantener una presencia física aceptable, un óptimo desarrollo físico y un adecuado estado de salud. Las acciones que deben ejecutarse para obtener una higiene personal adecuada comprenden la práctica sistemática de las medidas higiénicas que debemos aplicar para mantener un buen estado de salud.

Entre ellos cabe destacar la importancia de la higiene cutánea (la limpieza de la piel) ya que es el órgano externo que tiene la mayor superficie y nos defiende de todo tipo de agresiones externas.

Para tener la piel en buen estado se deben remover las secreciones glandulares, piel descamada y polvo con regularidad, pero sin abusar de productos detergentes o agresivos como pueden ser los cloros y lavavajillas porque esto debilita y lastima la piel.

Con todo ello hay que decir que la piel es un tejido resistente, pero a la vez delicado, razón por la que hay que cuidar su higiene ya que diariamente es sometida a gérmenes y agentes físicos y químicos.

El aseo del cuerpo

Se practica con el propósito de mantener la limpieza del cuerpo y conservar la salud. Consiste en el cuidado de la piel, las axilas, el cabello, los órganos genitales externos, las manos, la cara, la cavidad bucal y los dientes, así como la higiene del vestuario.

– **El baño:** debe efectuarse diariamente, una vez al día. Un baño higiénico es el que elimina los restos de polvo, grasa y bacterias. Si estas impurezas no son removidas y arrastradas de la superficie de la piel mediante el baño y forma adecuada, se aglomeran. Para secar nuestro cuerpo se debe emplear una toalla de uso individual. El baño no tiene contraindicaciones y sí recomendaciones médicas cuando se trata de afecciones de la piel. En estos casos se usan sustancias específicas como el jabón medicamentoso o la adición al agua de determinadas sustancias. Los baños fríos a temperatura inferior a 20 °C son estimulantes y alivian la fatiga después del ejercicio físico, pero están contraindicados para los enfermos nerviosos o afectados del corazón. Los baños tibios son recomendables por su efecto sedante, así como por su contribución a la movilización y el arrastre del sudor, las grasas y el polvo de la piel. Un baño de 8 minutos en la regadera es lo recomendado. Si nos bañamos con agua muy caliente por un tiempo largo, lo que se causa es piel reseca, lo cual produce una reacción muy desagradable y lacerante para la piel. Podemos remediarlo con la aplicación de una crema humectante a fin de reponer la hidratación perdida en el baño.

– **La higiene de las axilas:** constituye un factor importante en el aseo del cuerpo. En las edades cercanas a la adolescencia y durante esta, resulta frecuente apreciar un cambio en el olor de la piel, fundamentalmente, a nivel de las axilas y los genitales, lo cual se produce por variaciones en las secreciones hormonales que condicionan un aumento de la secreción de las glándulas exocrinas (sudoríparas, sebáceas y otras) y por la creación de un medio propicio para el desarrollo de bacterias debido a la acidez del medio. Por lo anterior, es conveniente mantener con rigor las medidas en esta etapa, durante el baño o cada vez que se requiera el uso del desodorante o el empleo auxiliar de preparados farmacéuticos a nivel de las axilas.

– **El lavado del cabello:** es otra acción necesaria que estimula la circulación y propicia vitalidad a la raíz del cuero cabelludo. El lavado deberá realizarse dos o tres veces por semana en las niñas, de acuerdo con la cantidad de secreciones y el tipo de actividad que realicen; en el varón debe ser diario.

– **La higiene de los genitales externos (vulva, pene y escroto):** debemos prestar especial atención por sus características estructurales y funcionales. Recuerda que si lavas con exceso estas zonas, lo que ocasionas es debilitar la piel y que esto cause un problema muy grave. Una sola enjabonada es suficiente.

En el caso de las mujeres, se debe efectuar un aseo cuidadoso y un enjuague correcto; este proceso debe iniciarse en la vulva y terminar en el ano, nunca en sentido contrario para evitar el paso de microorganismos.

Entre los labios mayores y menores de la vulva, se deposita una sustancia de olor fuerte que se denomina Esmegma, producto de la descamación celular (desprendimiento de elementos epiteliales, principalmente de la piel, en forma de escama o membrana; relativo a las células o compuesto por estas). Estas secreciones glandulares deben ser eliminadas diariamente, no solo por el olor que despiden, sino porque resulta un medio propicio para el desarrollo de las bacterias que se encuentran en esta región y que, por consiguiente, aumentan las probabilidades de una infección en este órgano.

En la zona de los genitales externos no se deben usar perfumes u otras sustancias que provoquen irritación.

La menstruación es un proceso normal que ocurre periódicamente en la mujer desde la menarquia hasta el climaterio y no hay motivos para que cause ninguna limitación en sus actividades habituales, tales como: natación, actividades agrícolas, ejercicios físicos, lavado de cabeza, entre otros; solo se limitan las relaciones sexuales.

Durante este período deben asearse los genitales con mayor frecuencia y cambiar las almohadillas sanitarias.

En el varón, el esmegma, que se acumula entre el prepucio y el glande, debe ser eliminado con el baño diario y un enjuague correcto mediante retracción (encogimiento, contracción de una parte) del prepucio; de igual forma se debe asear el escroto, ya que está provista de abundantes glándulas que secretan una sustancia de olor característico. La zona anal también debe asearse, una sola enjabonada es más que suficiente, ten en cuenta que el lavado excesivo causa resequedad y laceración en la piel.

- **La higiene de las manos:** estas deben lavarse cuantas veces sea necesario sin caer en el exceso, 15 segundos de lavado son suficientes, por ser la parte del cuerpo que más utilizamos, tanto para realizar trabajos en los que puede haber contaminación, como en los más pulcros y delicados. Por tal razón, se deben lavar, antes y después de realizar las necesidades fisiológicas, antes de preparar los alimentos o de comer.

- **La higiene de los ojos:** no comprende limpieza especial; es suficiente el lavado normal de la cara. No se deben frotar con las manos sucias; cuidar la iluminación y la distancia a la que se realiza la lectura y la escritura, son cuestiones a tener en cuenta en su cuidado.

- **La higiene de los oídos:** se limita al pabellón de la oreja durante el baño; no se deben introducir objetos para su limpieza. El cerumen, llamado también cera o cerilla, es una sustancia amarillenta y cerosa secretada en el conducto auditivo humano y en el de muchos otros mamíferos. El cerumen y la resina desempeñan un importante papel en el canal auditivo del ser humano, ya que ayuda en su limpieza y lubricación, también brinda protección contra algunas bacterias, hongos e insectos. Para la limpieza del cerumen no es necesario ingresar objetos extraños en la oreja ya que es el mismo oído y su epitelio internos quienes se encargan se empujar poco a poco el cerumen hacia afuera.

- **La higiene bucodental:** comprende el aseo o limpieza diaria y el examen periódico de un dentista. Recuerda que el lavado obsesivo de los dientes causa deterioro en la dentina, cubierta de los dientes.

  Un lavado de 4 minutos tres veces al día es suficiente. El cepillado contribuye a la conservación de las encías, los dientes y la salud en general. Debe efectuarse después de la ingestión de alimentos y antes de acostarse.

  La técnica del cepillado consiste en efectuar el movimiento del cepillo siempre de la encía hacia el diente. Las cerdas del cepillo deben tener una consistencia dura o semiblanda; todas estas medidas evitan las caries dentales, afección altamente frecuente en nuestra población, y producida por falta de higiene bucodental.

- **La higiene del vestuario comprende la ropa y el calzado:** La ropa se ensucia y se contamina por su uso, a lo que contribuyen las secreciones de nuestro cuerpo. Mantener la ropa limpia es un hábito que debe fomentarse desde niño, no solo por razones estéticas, sino para el buen desarrollo de la personalidad. Como la ropa conserva el calor del cuerpo, debe usarse de forma adecuada a la temperatura exterior. La que está en contacto con la piel debe conservarse siempre seca y holgada. La ropa interior debe cambiarse con la misma frecuencia que se toma el baño: diariamente. El calzado debe ser cómodo pues unos zapatos de talla inadecuada pueden deformar los pies.

2. HIGIENE POSTURAL

Es evitar todo esfuerzo innecesario o las posturas que más perjudican a la columna.

La razón de tener este tipo de cuidado con la columna vertebral en especial es porque es el eje de nuestro esqueleto y soporta buena parte del peso corporal. De modo que cuando se ve sometida de manera excesiva a ciertos gestos o posturas sufre de tal manera que pueden aparecer los conocidos dolores de espalda e incluso deformaciones.

De manera que para prevenir esto se debería subir a un taburete o escalera para alcanzar un objeto situado a cierta altura, girar todo el cuerpo para alcanzar un objeto situado detrás, flexionar las piernas para levantar un bulto, transportar un bulto pesado lo más cerca del tronco posible, repartir los pesos entre ambos brazos, etc.

¿HABÍA EN LA ANTIGÜEDAD OBSESIVOS COMPULSIVOS CON LA LIMPIEZA?

Ya conoces cómo era la higiene en la antigüedad, las restricciones y dificultades que habían para que alguien desarrollara obsesión con la limpieza.

Te pegunto entonces: ¿Crees que había obsesivos compulsivos con la limpieza en aquellas épocas pasadas?

Definitivamente no habían, entonces, ¿por qué hoy en día sí existen los obsesivos compulsivos con la limpieza? La respuesta está en que ahora conocemos que la contaminación puede producir enfermedades, que estar sucio es algo desagradable para los demás, etc. En cambio, en la antigüedad todos estaban sucios y apestaban, así que a nadie le importaba el aseo.

Hoy en día los obsesivos compulsivos con la limpieza tienen la suficiente información como para poder serlo, te pregunto: ¿Podrías gustar de beber alcohol si nunca lo has probado? Definitivamente que no, al igual que no podrías ser obsesivo compulsivo con la limpieza sino supieras lo que no serlo te podría causar.

Entonces, ¿de dónde has recopilado toda esa información para ser obsesivo compulsivo con la limpieza? Del medio que te rodea, de las cosas que ves u oyes. ¿Crees tú que en una casa de ateos se hable de Dios? Definitivamente que no. Ocurre lo mismo con las obsesiones, aparecen porque hubo una predisposición para que seas obsesivo compulsivo con la limpieza y también hubo un desencadenante, el que puede ser, por ejemplo, alguna experiencia traumática que te llevo a serlo. Tenemos dos factores que te hicieron desarrollar la obsesión por la limpieza:

- Predisposición a la obsesión compulsiva: Esta en ti, y se ha nutrido de hechos, conocimientos, experiencias, a lo largo de tu vida.

- Desencadenante: Hay algo que te motiva a ser obsesivo compulsivo con la limpieza, hay algo que en algún momento lo destapó, por eso se ha desarrollado.

El orden de estos dos factores es lineal, sin la predisposición a la obsesión el desencadenante no tendría impacto, por esa razón, en la antigüedad no podría haber obsesivos compulsivos con la limpieza, porque no se tenía conocimientos que lo sustentara, caso contrario, hoy en día, donde estamos rodeados de muchísima información al respecto.

Si bien ahora conocemos que la contaminación puede producir enfermedades, los obsesivos compulsivos llevamos este concepto al extremo, lo que nos lleva a asearnos de forma compulsiva. ¿Qué factores influyen en esto? ¿Son acaso factores internos o tal vez externos? ¿Qué nos hace obsesivos compulsivos?

Los factores que nos hacen llevar esto al extremo son:

- Ansiedad, aparece en un primer momento, es la sensación de peligro.

- Ritual: Es una medida desesperada que aparece gracias a la ansiedad, en muchas ocasiones el ritual se genera como una medida desesperada ante la ansiedad. Es decir, que en un primer momento te sentiste desesperado porque no sabías lo que ocurriría si no hacías tal o cuál cosas respecto a tu obsesión con la limpieza y desarrollaste alguna acción que te hizo controlar en parte esa ansiedad, de esa forma apareció el ritual, de una forma desesperada, no como producto de la racionalidad sino como producto de la desesperación. A la siguiente vez como ya sabes que ese ritual funcionó para disminuir esa desesperación no lo analizas, simplemente lo sigues realizando porque funcionó una vez. Precisamente el secreto está ahí, en reestructurar ese ritual, en cambiar el ritual producto de la desesperación por uno racional producto del análisis.

– Factores que favorecen el desarrollo de la obsesión y el ritual: en la antigüedad no se disponía de sistema de alcantarillado, tampoco agua potable, jaboncillos o detergentes. El agua era tan valiosa porque esta no salía de una caño sino que se tenía que traer desde muy lejos; por esta razón, nadie podía darse el lujo de ser obsesivo compulsivo con la limpieza y si alguien podría serlo, la situación lo obligaría a racionalizar su obsesión y determinar o generar un ritual racional para poder enfrentar el miedo.

Imagínate lo siguiente: Martha es una compradora compulsiva, ella es una muer rica que no puede controlar su adicción a las compras, un día por azar del destino queda en la miseria, queda completamente pobre, te pregunto entonces: ¿Crees que seguiría siendo obsesiva compulsiva con las compras, si no tuviera dinero para comer? Definitivamente que no.

Ocurre lo mismo con las obsesiones con la limpieza, somos obsesivos con la limpieza porque tenemos lo necesario para serlo. Cuando a una planta le das todos los nutrientes que necesita, lo que sucede es que crece rápidamente. Tenemos agua a nuestra disposición, detergentes, jaboncillos y tiempo para poder ser obsesivos. Imagínate si todo ello te sería quitado, si tuvieras que irte a vivir al desierto donde la poca agua que hay se usa para no morir de deshidratación. ¿Serías obsesivo compulsivo? Esa nueva situación te ayudaría a racionalizar tu obsesión y determinarías una nueva forma de asearte, es decir, generarías un nuevo ritual.

Precisamente eso es lo que haremos aquí, simular situaciones de ese tipo para que puedas generar nuevos rituales producto de la razón. No alimentar tu TOC, no dándole las facilidades para poder acrecentarse.

SEGUNDA PARTE

ENFRENTANDO LA OBSESIÓN POR LA LIMPIEZA

TÉCNICA DE EXPOSICIÓN

INTRODUCCIÓN

¿Qué es la técnica de exposición en el Trastorno Obsesivo Compulsivo?

Consiste en enfrentarse de forma sistemática y a propósito, es decir, voluntariamente, a determinadas situaciones que te generan ansiedad, preocupación o fobia, sin la presencia de conductas de huida, evitación o compulsión.

> *"No existe mejor forma de vencer los miedos que enfrentarse a ellos".*

Esta técnica de exposición en el TOC tiene dos momentos:

- **Exposición a lo temido.** Por ejemplo: a la contaminación, tocando objetos considerados contaminados o sucios por el obsesivo.

- **Ausencia del ritual.** Por ejemplo: no se realizará el ritual o la compulsión de limpieza al verse expuesto a la contaminación.

¿Por qué nos atemorizan cosas que a los demás no?

El miedo es una emoción que aparece ante la percepción de peligro, sientes miedo cuando percibes algún peligro. Este puede ser real o imaginario, pasado, actual o futuro.

Con este miedo aparece la ansiedad en sus tres formas distintas:

fisiológicas, cognitivas y conductuales.

- *Fisiológicas:* ocurren cambios físicos como taquicardia (aumento de la cantidad de latidos cardiacos), respiración acelerada, temblores en las extremidades.

- *Cognitivas:* sensación de angustia, inseguridad y preocupación.

- *Conductuales:* reacción de lucha o huida, o te preparas para luchar contra aquello que te produce ansiedad o escapas lo antes posible de él.

Existen asociaciones conscientes o inconscientes que en algún momento hemos hecho para dar origen a los miedos, por ejemplo:

Jamás le tendríamos miedo a los leones si no supiéramos que son carnívoros, y que hemos visto imágenes de este devorando a otros animales, incluidos a los seres humanos. Por esa razón, le tenemos miedo a los leones.

En nuestra mente ocurren asociaciones entre conductas y consecuencias. Tu mente te dice que si haces algo pasará esto otro.

Si te quedas cerca a un león, este terminará comiéndote. Por esa razón, sientes miedo y te produce ansiedad estar cerca de él. Si bien tenerle miedo a un león es un miedo real, racional; tenerle miedo a morir o a que otra persona muera, por tocar mi zapato, porque creo que está contaminado, es un miedo irracional. Ese miedo que aparece, esa ansiedad son alertas que envía tu mente a fin de que ocurra algo negativo para ti o tu entorno.

En el caso del león, te dice que puedes morir; en el caso de tocar algo contaminado, que te contamines o que contamines a alguien de tu entorno.

El miedo aparece porque se asocia a experiencias traumáticas. Por ejemplo, yo jamás tendría miedo a los leones sino conociera lo agresivos que pudieran ser. Porque en un primer momento la publicidad me ha dado una imagen de ellos o he logrado ver lo que estos son capaces de hacer. Esa es la experiencia traumática, todo lo que conozco de ese supuesto peligro es el que me hace sentir miedo.

La única forma de vencer el miedo es exponiéndose a él y viendo que no ocurre nada malo cuando se hace, y te lo aseguro, no ocurrirá.

TIPOS DE EXPOSICIÓN

1. Exposición imaginaria

Se trata de exponerse en la imaginación a escenas que en la realidad te generan ansiedad, sin que realices ninguna acción física o mental (compulsión) a fin de reducir la ansiedad producida por la exposición.

Esto implica exponerse a lo temido imaginándose haciéndolo. Por ejemplo:

– Si mi miedo es la contaminación, en la exposición imaginaria tendré que imaginar con gran lujo de detalles a mi exponiéndome a la contaminación, a lo que le temo, como tocar las bolsas de basura, sin que yo realice el ritual correspondiente; sin realizar una limpieza agresiva y compulsiva cada vez que te sientas sucio o contaminado.

Aunque en este ejemplo es lógico no recurrir a la compulsión, ya que el tocar de forma imaginaria algún objeto considerado contaminado no puede ser un detonante para la compulsión ya que solo lo hemos imaginado. Pero el imaginarnos expuestos ante tal o cual objeto contaminado, nos mentaliza y preparara para lo siguiente en la exposición real.

Este tipo de exposición tiene que ser agresiva visualmente, vas a exponerte imaginariamente a lo que temes, exagerando en ello; ósea llegando al extremo mismo. Esto lo hacemos porque es una exposición imaginaria.

En el caso de la contaminación tienes que imaginarte tocando aquellas cosas a las cuales les tienes pavor y que nunca tocarías.

Tienes que imaginar la escena con muchos detalles por muy desagradable que esto te parezca. Por ejemplo:

"Ahora me encuentro en el baño de mi casa, es muy temprano aún, nadie de mi familia se ha levantado de dormir, no hace frío, el clima está cálido, miro el retrete, está en frente mío, luego miro mis manos y las voy acercando hacia él lentamente. Mis manos están ya sobre él, está algo frío, entonces, empiezo a tocarlo por sus distintos ángulos. Me siento muy tranquilo y feliz, luego retiro mis manos y regreso a mi cama, totalmente relajado, sin ninguna ansiedad".

Para esta exposición imaginaria se pueden utilizar medios audiovisuales para nutrir más la escena, por ejemplo:

- **Elementos auditivos:** existen audios, potscast que te simulan la exposición a lo temido. Una voz va narrándote en hechos tu exposición a lo temido, a fin de recrear lo más cercano a la realidad el hecho de que tú te expongas a lo temido. Estos audios pueden ser grabados por otra persona o por ti mismo.

- **Elementos visuales:** existen imágenes que te muestran tus temores y que puedes ir observando constantemente para desensibilizarte. Puedes recolectar imágenes de esas cosas desagradables a las cuales temes. Todo aquello a lo que temes exponerte por miedo a contaminarte.

- **Elementos audiovisuales:** existen videos que te muestran situaciones temidas, donde otra persona se expone a lo que tu temes o que simplemente te muestran el paisaje o la situación, el espacio que temes.

La exposición imaginaria es el primer paso, te vas preparando para pasar a la exposición real, donde sí tendrás que tocar el retrete con tus manos sin realizar el ritual.

2. Exposición real

Consiste en exponerse a lo temido en forma real, vivencial, en determinadas situaciones de la vida cotidiana.

Por ejemplo, si tu obsesión es con la limpieza, entonces, experimentarás la contaminación mediante exposiciones especialmente preparadas con objetos considerados por ti como contaminados, y cuando lo hagas evitarás realizar el ritual correspondiente a esa obsesión o cuando este se realice será de forma alterada.

La ansiedad es algo normal, es una sensación natural necesaria para la supervivencia de nuestra especie y como tal es desagradable para el usuario, ya que genera malestar y hostilidad. Pero descuida, nadie muere de ansiedad aunque a veces no lo parezca, la ansiedad solo es una sensación.

Las compulsiones se definen como actos que se realizan para eliminar la ansiedad que produce determinada obsesión.

Estas compulsiones o rituales, no solo pueden ser actos físicos, sino también pueden darse de forma mental, siendo esta última la forma menos perceptible por el entorno social, ya que las personas que rodean al obsesivo en pocas ocasiones se percatan de su rituales mentales, salvo en algunas ocasiones donde estos se encuentran absortos en sus ideas.

La finalidad de las compulsiones es reducir la ansiedad ante una obsesión. Las compulsiones mentales pueden consistir en repetirse por un determinado número de veces, cifras, palabras o pensar en determinadas imágenes, etc. Mientras que las compulsiones físicas consisten en realizar actos físicos, por ejemplo: tocar, rozar, repetir movimientos, etc.

Tienes que permanecer en esta situación —la exposición real —hasta que la ansiedad desaparezca o se reduzca; no te preocupes que eso sí pasará.

BENEFICIOS DE ESTAS TÉCNICAS DE EXPOSICIÓN (IMAGINARIA Y REAL)

– Aprendizaje de un nuevo programa mental:

    Estímulo temido – ausencia de consecuencias.

– Reducción de la activación fisiológica y emocional generada por la ansiedad ante el estímulo temido.

– Aumento de autoconfianza y autoestima al ver que puedes enfrentarse a tus temores.

– Cambio de perspectiva ante el futuro. Las mejoras siempre avizoran un mejor futuro.

– Revelación de los miedos, se descubre que esos miedos no son tales, que aquello que creíamos insuperable es fácil de dominar.

– Aceptación emocional. Es decir, aceptar y tolerar los estados emocionales ante situaciones difíciles.

– Autoconocimiento y revelación propia como alguien que enfrenta retos.

– La persona aprende que la situación no está necesariamente asociada con la ansiedad, que la probabilidad e intensidad de las consecuencias temidas son menores de lo esperado, esto proporciona información incompatible con la estructura de miedo.

– Reducir la asociación entre los estímulos internos y las reacciones emocionales negativas.

– Aprender a manejar las reacciones emocionales, frente a las cosas que nos molestan.

– Controlar los propios impulsos ante las adversidades.

Colaboración de otras personas en el momento de la exposición:

Si te sientes cómodo, puedes solicitar la ayuda de otra persona para que te ayude en la exposición, pero si te incomoda que alguien te esté observando no hay ningún problema puedes hacerlo solo o sola.

Otros aspectos a tener en cuenta antes de comenzar la exposición:

– No menosprecies tus logros conseguidos. Todo logro, por más pequeño que sea, contribuye a nuestro objetivo: "Dominar el TOC".

– Te reitero que la ansiedad es solo un conjunto de sensaciones desagradables y que estas no son más que una exageración de las reacciones corporales normales al estrés y no son, en absoluto, perjudiciales ni peligrosas, solamente desagradables.

TERCERA PARTE

¡VAMOS A LA PRÁCTICA!

Hasta el momento hemos conocido y analizado todas las bases para poder enfrentar la obsesión por la limpieza.

En esta última parte te doy los pasos para poder aplicar todos los procedimientos.

Te pido que sigas los siguientes pasos tal y como te los describo.

Es necesario que tengas un cuaderno de notas pequeño para realizar apuntes.

Lo que aplicamos en este libro, es el Método CRR:

- Conocimiento: significa conocer el miedo temido, conocer lo que es y lo que significa. Por esa razón, en la primera parte de este libro hemos visto lo que significa la higiene en la antigüedad y lo que es en el tiempo actual.

- Racionalización: significa someter a la razón a ese miedo, en este caso, la contaminación, lo que genera la obsesión por la limpieza. Consiste en averiguar cuál es su desencadenante o detonante, y determinar cuál es la forma correcta y racional de asearse. En un primer momento generaste un ritual producto de la ansiedad y la desesperación, pero ¿qué sucede si generas un ritual con bases racionales? Encontrarás la forma correcta de hacer las cosas.

- Redirección: significa dispersar la ansiedad, distraerse y usar la capacidad obsesiva hacia algo útil. La ansiedad no se puede frenar, imagínala como una represa, cuando la detienes lo único que logras es acumularla, y si esta es mucha en cualquier momento desbordará trayendo graves consecuencias. Por esa razón, la ansiedad no se detiene, solo se redirecciona, se encausa en otra dirección, se deja fluir pero sin que eso te afecte.

Estos tres pilares son la base para afrontar todo tipo de miedo u obsesión. Son secuenciados y se pueden aplicar de forma práctica, segura y confiable. Quiero que analices el texto para que identifiques en qué momento se aplica cada una, es necesario que los identifiques porque solo así podrás aplicarlas en tus obsesiones, en cualquiera de ellas.

VENCIENDO LA OBSESIÓN POR LA LIMPIEZA

EXPOSICIÓN IMAGINARIA

Paso N° 1

Elabora una lista de tus temores de limpieza y contaminación en tu cuaderno de apuntes. Si bien tu obsesión es la limpieza, ¿a qué le temes exactamente?

Para ayudarte a detallarlas, responde la siguiente pregunta:

- ¿Qué acciones desencadenan tu obsesión por la limpieza? Tus respuestas pueden ser, por ejemplo, efectuar mis necesidades biológicas, tocar mis secreciones corporales, sacar la basura, asearme, etc.

Luego que tengas todas las acciones que desencadenan tu obsesión, anótalas:

Acción que desencadena tu obsesión por la limpieza	Grado de ansiedad

Cuando hayas terminado de jerarquizar todas tus acciones, procederemos a analizarlas. Busca un factor común en todas tus acciones desencadenadoras de tu obsesión por la limpieza, para lo cual añadiremos dos columnas mas al cuadro que has realizado, por ejemplo:

Acción que desencadena tu obsesión por la limpieza	Grado de ansiedad	Sensaciones producidas	¿Cómo se vence ese miedo?

Identifica las sensaciones que te producen cada una de las acciones desencadenantes de tu obsesión por la limpieza. ¿Qué es lo que sientes cuando te ves abatido por ese tipo de pensamientos? ¿Avizoras un futuro prometedor para ti, si sigues realizando ese tipo de rituales? Luego piensa: ¿Cómo podrías vencer ese tipo de obsesiones? ¿Cómo crees que sería la mejor forma de eliminar esas obsesiones de tu vida para siempre?

Sé que tus miedos, en este momento, te parecen insuperables e invencibles, pero eso no es cierto, si no recuerda cuando te rehusabas hacer algo que considerabas peligroso y luego te atrevías hacerlo.

¿Cómo te sentías después de que lo hiciste?

¿Te seguía pareciendo algo tan insuperable?

O acaso simplemente te reías de él y pensaste ¡cómo pude tenerle miedo a eso! Precisamente eso es lo que va a ocurrir con tus obsesiones de limpieza. Ahora crees que son insuperables, pero cuando te les enfrentas te das cuenta que no lo son.

Este primer paso es de autoconocimiento y reflexión. Para enfrentar un miedo se tienen dos partes: una parte imaginaria y otra real. La parte imaginaria consiste en la mentalización acerca de vencer ese temor, en esta parte analizas el temor, planteas tu objetivo (vencerlo) y elaboras tu estrategia para hacerlo. La segunda parte es la real, que se refiere a enfrentarse al temor, es el momento de la acción, de llevar a cabo todo lo planeado.

Te recomiendo avanzar una obsesión cada vez que realices el procedimiento, por lo que quiero que escojas al principio la obsesión que no te produzca tanta ansiedad, te enfrentes a ella de forma imaginaria, luego lo hagas de forma real. Cuando hayas superado esa obsesión, puedes escoger otra de tu lista y proceder a repetir el procedimiento. Avanza una obsesión por vez, no trates de hacerlas en conjunto ya que no funciona.

Cuando tengas identificadas las acciones desencadenantes de tu obsesión por la limpieza, procederemos a elegir una de ellas, empezaremos con la que se encuentre en menor jerarquía de ansiedad.

Cuando hayas escogido un temor, busca imágenes al respecto acerca de ese temor, puedes usar Internet para hacerlo. Por ejemplo, si temes tocar las bolsas de basura, busca imágenes de bolsas de basura en Internet, bolsas que se vean realmente sucias y desagradables. Observa esa imagen y grábala en tu mente.

Al tener el miedo en mente y la imagen de esa bolsa completamente sucia, imagínate tocando ese bolsa que viste, ese bolsa sucia y desagradable. Imagínate sobre ella. Imagina que te caíste sobre ella, imagina su textura, imagínate envuelto por esa bolsa, que no puedes sacártela de encima y tampoco puedes asearte, no puedes realizar la compulsión que comúnmente harías. Este proceso puedes imaginarlo por alrededor de 5 minutos. Si no te produce ansiedad, descontinúalo. Y procederemos al siguiente paso. Si te produce mucha ansiedad, tienes que seguir imaginándola hasta que esta vaya disminuyendo, si la medimos en una escala del 1 al 10 —a mayor ansiedad le corresponde un número más elevado —, practícala hasta que llegue a 2.

La exposición en grupo:

En la actualidad Internet ha posibilitado que las personas del mundo se comuniquen, compartan experiencias y se ayuden mutuamente. Existen páginas web como **http://www.dominiomental.com** que agrupa a las personas que tienen TOC, formando una comunidad de apoyo.

La exposición en grupo puede ser útil para que se compartan emociones y las personas se retroalimenten. Si en tu espacio físico, ciudad, conoces a personas con TOC, te recomiendo que se comuniquen y se ayuden, y que pongan en práctica los ejercicios de exposición, pero si no tienes personas con tu misma molestia alrededor, puedes contactarlas por Internet y compartir vivencias, créeme que eso es un gran avance y te ayudará muchísimo. Ya que te permite comprobar que no eres el único en el mundo que tiene esa molestia, lo que eleva tu autoestima y seguridad.

Registro y revisión de las exposiciones:

En tu cuaderno de apuntes ya tienes una lista de todas las acciones que te generan obsesión por la limpieza, en el segundo cuadro tienes las sensaciones que te provocan esas acciones, y el este tercer cuadro, tomaremos nota de los detalles de la exposición.

Exposición en la realidad:

Paso Nº 2

Con el mismo temor escogido al cual ya te expusiste en la imaginación, procederemos a exponerte en realidad. Continuamos con el mismo temor: tocar las bolsa de basura.

Ubicarás bolsas de basura que contengan residuos, lo más cercanas a como las imaginaste, y las tocarás. En un primer momento puede que la ansiedad sea mucha y quieras ir asearte las manos, pero no lo harás, te mantendrás 10 minutos con las manos así, quiero que te des cuenta cómo la ansiedad va disminuyendo desde un primer momento hasta desaparecer. Quiero que analices el funcionamiento de la ansiedad y cómo esta cede con el tiempo. Recuerda no alimentar la ansiedad.

Si se experimenta una gran ansiedad o se tiene un ataque de pánico, hay que procurar, si es posible, permanecer en la situación hasta que disminuya. Pueden utilizarse las estrategias de afrontamiento (respiración, autoinstrucciones e incluso distracción) con la finalidad de manejar la ansiedad, no de eliminarla. Una vez que la ansiedad/pánico se haya reducido, conviene seguir practicando un rato, lo cual hará que aumente la confianza en sí mismo. Si resulta imposible permanecer en la situación hasta que el ataque de pánico desaparezca, es aconsejable:

- Tranquilizarse. Practica de respiración y relajación.

- Pensar en los factores que han generado el problema y en las soluciones que se pueden utilizar.

- Volver a afrontar la situación, preferiblemente a continuación o, si no, lo más pronto que se pueda (por ejemplo, en el mismo día o al día siguiente).

- Autoinstrucciones: mandatos propios como órdenes asertivas. Yo puedo lograrlo. Yo lo lograré.

- Visualización PNL (programación neurolingüística): piensa en tu objetivo, recuérdalo: "Dominar la obsesión por la limpieza".

- Recuerda que todo lo que sientes es el producto de algo llamado TOC, una exageración de las reacciones corporales normales al estrés. No son en absoluto, perjudiciales ni peligrosas, solamente desagradables, no sucederá nada peor.

- Deje de alimentar el pánico con imágenes aterrorizantes, sobre lo que está sucediendo ya a donde podría conducir.

- Espere y deje tiempo al miedo para que se pase, no luche ni huya de él. Simplemente acéptelo.

Autoinstrucciones, reestructuración verbal:

- Modifica los que dices en el momento de crisis. No te mortifiques pensando en lo malo que podría pasar si no realizas tal o cual acción, neutraliza esos pensamientos. No pienses en lo peor que podría pasar si no realizas el ritual purificador; en lugar de eso, piensa que si no lo realizas contribuyes a tu objetivo:

dominar el TOC.

– Cuando la ansiedad haya disminuido quiero que te toques el hombro, con esa mano que en teoría está contaminada, luego tócate el pelo, luego rózate la mejilla.

– Es probable que tu ansiedad haya aumentado, pero no hagas nada, solo espera, ya irá disminuyendo. Y así esperarás unos 10 minutos más.

– Después de transcurrido este tiempo, procede a asearte. De seguro ya tienes una rutina de aseo que realizas, pero no lo harás. Vamos a cambiar esa rutina. Solo te enjabonarás una sola vez, y tu aseo durara solo 15 segundos. Realizarás el ritual alterado.

Listo, si has logrado esto, reto cumplido.

Paso N° 3

Ultimo paso, dejarás que pase un tiempo y tocarás de nuevo la bolsa, te tocarás alguna parte de tu cuerpo y no te asearás, cuando la ansiedad baje procederás a realizar tus actividades como si nada hubiese ocurrido.

Periodicidad de la exposición:

Según tu jerarquía de obsesiones, el grado de ansiedad empieza con las acciones que tienen menor grado de ansiedad, y solo después de enfrentarte a una de ellas prosigue con la siguientes.

Tú puedes hacerlo, solo necesitas creer en ti. Tú eres capaz de lograrlo todo, solamente necesitas proponértelo. Recuerda que yo estoy en esto contigo.